궁금해요, 김구

초판 1쇄 발행 2019년 1월 25일 | **초판 3쇄 발행** 2023년 10월 20일
글쓴이 안선모 | **그린이** 한용욱
펴낸이 홍석 | **이사** 홍성우 | **편집부장** 이정은 | **편집** 정미진, 조유진
디자인 권영은 | **외주디자인** 신영미 | **마케팅** 이송희, 김민경 | **관리** 최우리, 김정선, 정원경, 홍보람, 조영행, 김지혜
펴낸곳 도서출판 풀빛 | **등록** 1979년 3월 6일 제 2021-000055호
주소 서울특별시 강서구 양천로 583 우림블루나인 A동 21층 2110호
전화 02-363-5995(영업) 02-362-8900(편집) | **팩스** 070-4275-0445
전자우편 kids@pulbit.co.kr | **홈페이지** www.pulbit.co.kr
블로그 blog.naver.com/pulbitbooks | **인스타그램** instagram.com/pulbitkids

ISBN 979-11-6172-115-6 74990
　　　978-89-7474-499-1 (세트)

ⓒ 안선모, 한용욱 2019

이 도서의 국립중앙도서관 출판예정시도서목록(CIP)은 서지정보유통지원시스템 홈페이지(http://seoji.nl.go.kr)와
국가자료공동목록시스템(http://www.nl.go.kr/kolisnet)에서 이용하실 수 있습니다.(CIP제어번호 : CIP2018042814)

*책값은 뒤표지에 표시되어 있습니다
*파본이나 잘못된 책은 구입하신 곳에서 바꿔드립니다.

품명 아동 도서　　　**사용연령** 8세 이상
제조국 대한민국　　　**제조년월** 2023년 10월 20일
제조자명 도서출판 풀빛　**연락처** 02-363-5995
주소 서울특별시 강서구 양천로 583 우림블루나인 A동 21층 2110호
주의사항 종이에 베이거나 긁히지 않도록 조심하세요.
　　　　　책 모서리가 날카로우니 던지거나 떨어뜨리지 마세요.
KC마크는 이 제품이 공통안전기준에 적합하였음을 의미합니다.

작가의 말

평생 나라만을 생각했던 백범 김구

요즘 사람들에게 가장 중요한 건 바로 '나'입니다. 내가 있어야 가정이 있고 또 나라가 있다고 생각하지요. 그런 우리들에게 모든 일의 1순위가 오직 나라였던 백범 김구의 삶은 과연 어떻게 받아들여질까요?

"어떻게 나보다 나라를 더 사랑할 수 있을까요?"

"그러니까 '나'와 '나라' 중 어떤 게 더 중요해요?"

몇몇 어린이들은 이런 질문을 할 것도 같습니다.

흠, 저라면 어떤 대답을 할까요? 의외로 제 대답은 아주 간단합니다.

"'나'도 중요하고 '나라'도 중요합니다. 어떤 것이 더 중요하다고 딱 잘라 말할 수는 없지만, 김구의 삶을 한번 들여다본다면 적어도 어떤 것이 더 중요한지 어떻게 살아야하는지 고민에 빠질 것 같아요."

김구의 삶을 들여다보면서 제가 그랬거든요. 왜 어떤 사람은 나라를 위해 자신을 희생하며 한평생을 살고, 또 어떤 사람은 나라보다는 나를 위해 열심히 살아가고 있는 것일까?

김구는 어린 시절부터 조금 남달랐습니다. 우람한 체격과 불타오르는 배움에의 열망. 거기다 고집도 있었고, 배운 것을 행동에 옮기는 결단력도 갖추었지요.

감옥에 가기도 하고, 몸을 숨기며 살기도 하고, 일제의 압박을 피해 상하이에 가서 임시 정부를 세우고 중요한 일을 많이 하는 등 조국과 민족을 위해 헌신했지만 완전한 조국 통일을 보지는 못하고 세상을 떠나고 말았습니다. 그것도 동포가 쏜 흉탄에 맞아서 말이지요. 마지막 부분을 읽으며 우리 어린이들은 도저히 이해 못 할 상황에 화가 날 거예요. 어떻게 그렇게 몸과 마음을 헌신한 김구에게 총탄을 겨눌 수가 있는가 하고 말이에요.

김구는 우리나라가 세계에서 가장 아름다운 나라가 되기를 원했습니다. 잘사는 나라가 아닌 문화의 힘이 강한 나라. 문화의 힘이 우리를 행복하게 하고 나아가서 남에게 행복을 줄 수 있다고 생각했기 때문입니다. 다행히도 우리나라는 지금 문화의 힘이 점점 강해지고 있습니다.

어린이 여러분!

김구의 삶 속으로 들어가 '좋은 사람'이 된다는 것에 대해 한번 생각해 보는 건 어떨까요? '좋은 사람'이 되려면 또 어떻게 하면 될지에 대해서도 생각해 보아요. 어쩌면 이 책을 읽는 여러분은 이미 '좋은 사람'임에 틀림없어요.

안선모

차례

작가의 말	4
텃골 개구쟁이	8
마음이 좋은 사람이 되기로 결심하다	20
동학에 들어가다	30
감옥 학교 선생이 되다	40

가르치는 일에 힘쓰다					52

가장 낮은 곳에서 가장 낮은 자세로			64

상하이에 임시 정부를 세우다				72

적극적으로 항일 운동을 펼치다				80

완전한 자주 통일을 꿈꾸며				90

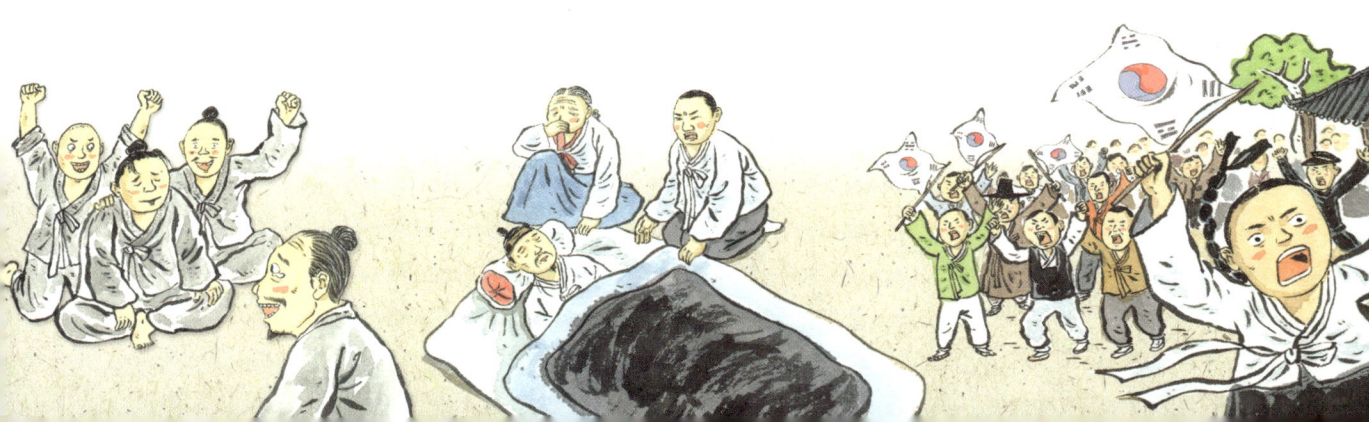

 텃골 개구쟁이

"어머니, 잠깐 기다리세요."

마당에서 놀던 창암은 우물에서 물을 길어오는 어머니를 보자, 번개처럼 달려 나갔습니다. 아직 어린 나이지만 창암은 또래보다 덩치도 크고 힘도 셌습니다. 창암은 어머니의 머리 위에 올려 있는 항아리를 얼른 받았습니다.

창암은 물 항아리를 가볍게 들고 부엌으로 들어갔습니다. 그런 창암을 보며 어머니가 흐뭇한 미소를 지었습니다.

"젖이 부족해 제대로 먹이지도 못했는데
이렇게 튼튼하게 자랐으니 정말 고맙구나."
어머니의 말에 창암이 싱긋 웃었습니다.

"어머니가 저를 낳을 때 엄청 고생하신 걸 생각하면 제가 더 고맙지요."
"보통 아이보다 덩치도 크고 먹성이 좋아 늘 젖이 모자랐지."

"그래서 아버지가 틈만 나면 이 집 저 집 아기 있는 어머니들을 찾아다니며 동냥젖을 얻어 먹였다면서요?"

아버지 김순영은 늦은 나이에 결혼해 간신히 아들 하나를 얻었습니다. 창암은 똑똑하고 인정 많은 아이로 쑥쑥 자랐습니다.

어느 날, 어머니와 아버지는 이웃 마을에 일을 하러 가고 창암이 혼자 집을 지키고 있었습니다. 쩔렁쩔렁 가위 소리가 나더니 곧이어 엿장수가 외치는 소리가 들렸습니다.

"달콤한 엿이 왔어요. 둘이 먹다 둘이 죽어도 모를 정도로 달콤한 엿이요."

창암은 방 안에서 귀를 기울였습니다.
"엿장수를 조심해야 해. 엿장수가 아이들을 잡아간단다."
어른들에게 들었던 말이 떠올랐기 때문이었습니다.

"아이들이 자꾸만 엿장수에게 엿을 바꿔먹으려고 집 안에서 물건을 갖고 나가니까 어른들이 그런 말을 지어낸 거야. 창암아, 너는 그 말을 믿어?"

옆집 똘복이가 창암을 보고 비웃듯 말했던 일이 생각났습니다.

"헌 숟가락, 헌 놋그릇 갖고 오시면 엿을 푸짐하게 드립니다."

창암은 살그머니 부엌으로 나가 아버지의 숟가락을 꺼내 발로 밟아 분질렀습니다. 그러고는 방으로 들어가 문고리를 꽉 걸어 쥔 채 뚫린 구멍으로 엿장수를 불렀습니다.

"아저씨, 아저씨! 엿 좀 주세요."

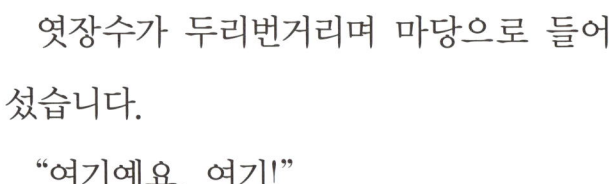

엿장수가 두리번거리며 마당으로 들어섰습니다.
"여기예요, 여기!"
창암은 뚫린 구멍으로 숟가락을 내밀었습니다. 엿장수가 엿을 한 뭉치 뭉쳐 구멍으로 들이밀었습니다.

창암이 정신없이 엿을 먹고 있는데 갑자기 일 나갔던 아버지가 방으로 들어왔습니다.
"이 엿은 어디서 난 것이냐?"
창암은 잠깐 망설이다 사실대로 말했습니다. 그러자 아버지는 말없이 창암을 쳐다보다가 한마디 했습니다.
"또다시 그런 짓을 했다가는 혼쭐이 날 것이야."
아버지는 많이 배우지는 못했으

나 옳지 못한 일을 보면 그냥 넘어가지 않았습니다. 얼마 전까지 도존위(면장)라는 벼슬을 했는데 아버지는 양반들의 편이 되기보다는 가난한 백성들의 편이 되어 일을 처리했습니다. 그래서 결국 양반들의 미움을 받고 도존위 자리에서 쫓겨났습니다.

'휴, 혼날 줄 알았는데 그냥 잘 넘어갔네.'

창암은 신이 나서 남은 엿을 먹었습니다.

어느 날이었습니다. 창암은 아버지가 뭔가를 아랫목 이불 속에 집어넣는 것을 보았습니다.
'저게 뭐지? 깊숙한 곳에 넣으시는 것을 보니 귀중한 것인가 보다.'

창암은 궁금하였지만 꾹 참았습니다. 아버지가 나가자마자 창암은 이불 속을 뒤져 보았습니다.

"앗, 이건 돈이잖아?"

창암은 신이 나서 엽전을 꺼내 세어 보았습니다. 모두 스무 냥이었습니다. 스무 냥이면 큰돈입니다. 창암은 신이 나서 엽전 스무 냥을 허리에 둘렀습니다. 허리에 돈을 두르니 어깨에 힘도 들어가고, 으쓱하는 마음도 생겼습니다.

그런데 얼마 지나지 않아 집안 할아버지 한 분을 만났습니다.

"너 텃골 사는 창암이 아니냐? 바삐 어디 가는 게냐?"

"안녕하세요, 할아버지! 저 지금 떡 사 먹으러 가는 중이에요."

창암은 신이 나서 허리에 찬 엽전 스무 냥을 보여 주었습니다.
"그 돈은 분명 네 돈이 아니렷다!"
"……"
"얼른 그 돈을 갖다 놓아라."
"……"
"왜 대답이 없어? 얼른 돈 이리 내놓지 못하겠니?"
집안 할아버지는 허리춤에서 돈을 빼앗아 아버지에게 갖다 주었습니다.
'지난번처럼 용서해 주실 거야.'

하지만 아버지는 창암을 기둥에 꽁꽁 묶어 놓았습니다. 창암은 옴짝달싹 못 하고 하루 반나절을 묶여 있었습니다.

"한 번만 더 그러면 혼쭐이 날 거라는 내 말을 기억하고 있느냐?"

아버지의 단호한 말에 창암은 고개를 푹 숙였습니다.

잠시 후, 집안 할아버지가 떡을 사 왔습니다.

"아버지에게 이를 때는 언제고 떡은 왜 사 주시는 겁니까? 안 먹을 겁니다."

창암이 원망스러운 듯 고개를 돌리자, 할아버지가 다정하게 말했습니다.

"다 너 잘되라고 그런 거다. 자, 이거 먹고 화 풀어라."

할아버지는 인절미를 창암의 입에 쏙 넣어 주었습니다.

 마음이 좋은 사람이 되기로 결심하다

"아버지, 무슨 일이에요?"

창암은 사립문을 열고 들어오는 아버지를 본 순간 깜짝 놀랐습니다. 아버지의 얼굴이 먹장구름같이 어두웠기 때문입니다.

'친척 어른 댁에서 무슨 일이 있었나?'

 창암은 아버지 뒤를 따라 방으로 들어갔습니다. 잠시 후 어머니도 들어왔습니다.

 "아무리 생각해도 기가 막힐 노릇이구나."

 방바닥이 꺼져라 한숨만 내쉬던 아버지가 드디어 입을 열었습니다.

 "집안 어른이 사돈을 만나러 가면서 갓을 쓰고 나갔다가 이웃 마을 양반에게 들켜 갓을 빼앗기는 모욕을 당했다는구나."

 아버지가 말하는 집안 어른이란 바로 창암에게 인절미를 사 준 그분이었습니다.

"세상에! 나이 드신 분이 얼마나 놀라셨을까요?"
어머니의 두 손이 파르르 떨렸습니다.
"갓을 쓴 게 그렇게 큰 죄인가요?"
창암도 부르르 몸을 떨었습니다. 양반의 호통 소리에 쩔쩔매는 할아버지의 모습과 땅바닥에 나뒹구는 갓이 눈앞에 어른거렸습니다.

"날이 갈수록 양반의 횡포가 심해지는구나. 앞으로 우리 같은 백성들은 어찌 살아야 할지……."

'왜 조선에서는 양반과 상민을 차별할까? 태어날 때부터 양반은 떵떵거리며 살고, 상민은 양반에게 무시당하며 사람대접도 못 받고.'

창암은 깊은 생각에 잠겼습니다.

"우리 가문은 신라 경순왕의 자손인 안동 김씨 가문이고 대대로 벼슬을 해 왔지만 집안이 기울어 지금은 이 지경이 되었지 않냐."

아버지는 깊은 한숨을 내쉬었습니다.

"아버지, 당장 내일부터 글방에 보내 주세요."

붉게 얼굴이 달아오른 창암이 두 주먹을 불끈 쥐며 말했습니다.

"창암아, 너는 이미 한글을 깨쳐 이야기책도 읽을 수 있고 천자문도 읽을 수 있지 않느냐? 그런데 무슨 일로 공부를 하겠다는 거냐?"

"공부를 해서 꼭 양반이 되겠어요. 꼭!"

창암의 말에 아버지는 난처한 표정을 지었습니다. 창암이 사는 마을에는 서당이 없었기 때문이었습니다.

'글공부를 하려면 이웃 마을 양반들이 사는 서당에 가야 하는데 과연 양반들이 받아 줄까?'

그러다 아버지는 무릎을 탁 쳤습니다.

"아, 그러면 되겠군! 이 마을에 글방을 만드는 거야."

아버지는 친척과 이웃들을 모아 서당을 차리고 이웃 마을에서 선생님도 모셔 왔습니다.

창암은 새벽같이 일어나 그날 공부할 것을 미리 배우고 낮에는 멀리서 오는 글동무들을 가르쳤습니다. 밤에는 어머니를 도와 보리를 찧으면서 낮 동안 배운 것을 다시 외웠습니다.

세월이 흘러 창암은 열네 살이 되었습니다.

'좀더 학식과 이름이 높은 선생님에게 배우고 싶다.'

창암의 이런 생각을 눈치 챈 아버지가 다시 적극 나섰습니다.

"창암아, 큰어머니가 정문재라는 분과 친척이어서 너를 부탁했더니 흔쾌히 들어주더구나."

10리 정도 떨어진 학골에 사는 정문재는 양반은 아니었지만 과거 시험을 준비하는 글로 이름난 학자였습니다.

"돈을 내지 않아도 된다 했으니 열심히 배우도록 해라."

창암은 이른 새벽 험한 산길을 10리를 걸어 학골 서당에 갔습니다.

서당에 다닌 지 2년이 지났을 때였습니다.

"창암이 아버지, 해주에서 과거 시험이 있다는 발표가 났소. 이 기회에 창암이에게 과거를 치르게 합시다."

"과거 시험을 보기엔 창암이의 글이 아직 많이 부족할 텐데요."

아버지가 걱정스럽다는 듯 대답했습니다.

"이번에 과거가 있고 나면 또 언제 있을지 알 수 없소. 좋은 기회이니 한번 치러 봅시다."

이튿날부터 창암은 낮이나 밤이나 쉬지 않고 종이가 새까매질 때까지 글을 썼습니다.

마침내 과거 날이 다가왔습니다. 과거장에 도착한 창암은 사람들이 수런거리는 소리를 들었습니다.

"돈만 많으면 벼슬을 쉽게 할 수 있다는군."
"이번 시험에 장원 급제할 사람도 이미 정해졌다는 소문이 있어."
"시험관에게 돈을 가장 많이 준 사람이 장원이지!"

창암은 떠도는 얘기들을 믿지 않았습니다. 하지만 창암은 과거 시험에 떨어졌습니다.

아버지는 잔뜩 풀이 죽은 창암에게 책 몇 권을 내밀었습니다.

"그렇다면 이제부터 풍수나 관상 공부를 해 보렴."

풍수는 산이나 땅의 모양이나 위치를 공부하는 것이고 관상은 사람의 생김새를 보고 그 사람의 운명이나 앞날을 판단하는 공부입니다. 창암은 석 달 동안 관상 공부에 매달렸습니다.

"휴, 내 얼굴은 좋은 곳이 한 군데도 없구나. 크게 될 얼굴도 아니고 부자가 될 얼굴도 아니고 학자가 될 얼굴도 아니고."

창암은 한숨을 크게 내쉬었습니다. 하지만 관상 책에서 찾아낸 한 구절을 읽다 보니 마음이 차분해졌습니다.

얼굴이 좋은 것보다 몸 좋은 것이 더 낫고,
몸이 좋은 것보다 마음이 좋은 것이 더 낫다.

'그래, 나는 마음이 좋은 사람이 되자.'
창암의 나이 열일곱 살 때였습니다.

동학에 들어가다

창암이 열여덟 살이 되던 1893년, 황해도에도 동학이 번지기 시작했습니다.

"우리 마을에서 20리 떨어진 갯골에 사는 오응선이라는 동학교도가 하늘을 걸어 다니기도 하고 갑자기 연기처럼 사라지기도 한대."

텃골 사람들은 만나기만 하면 동학에 대한 이야기를 했습니다.

'오응선이라는 사람을 빨리 만나 내 눈으로 확인해 봐야겠어.'

살을 에는 듯한 칼바람이 부는 1월의 어느 날, 창암은 길을 나섰습니다. 오응선은 머리를 길게 땋아 늘인 창암을 반갑게 맞이했습니다. 창암이 절을 하자, 오응선도 공손히 맞절을 했습니다.

"신분도 낮고 나이도 어린 저에게 어찌 양반 어른께서 맞절을 하십니까?"

"우리 동학은 신분의 높고 낮음을 따지지 않습니다. 하늘 아래 양반도 평민도 모두 평등하니까요."

오응선의 이야기를 듣고, 창암은 그 길로 동학에 들어갔습니다.

이름도 창수로 고쳤습니다. 창수는 사람들이 동학에 대해

물을 때마다 솔직하고 당당하게 말했습니다.

"악한 일은 물리치고 착한 일에는 앞장서는 것이 동학의 정신입니다."

김창수라는 이름은 황해도뿐만 아니라 평안도까지 퍼졌습니다. 창수는 나이 어린 사람이 많은 신도를 거느렸다 해서 '아기 접주'라는 별명까지 얻었습니다. '접주'란 한 지방의 신도를 대표하는 책임자를 일컫는 말입니다.

이듬해인 1894년, 전라도 고부에서 동학 접주인 전봉준이 농민군을 일으켰습니다.

"평등한 세상을 위하여 우리도 적극 나서자."

 김창수는 팔봉산 밑에서 700여 명의 사람들을 끌어모아 군대를 조직했습니다. 그러나 동학군은 변변한 공격도 한번 못 해 보고 크게 지고 말았습니다. 그때 열아홉 살 어린 나이였던 창수는 중요한 것을 깨달았습니다.

 "싸움에 이기기 위해서는 잘 훈련된 군대가 있어야 한다. 이제부터 군대를 훈련시키는 데 온 힘을 다하자."

 그 무렵 신천 청계동에 사는 진사 안태훈으로부터 밀사가 왔습니다. 안태훈은 동학군을 물리치기 위해 300명의 포수를 모았습니다. 그 때문에 황해도의 동학군들은 모두 안태훈을 두려워하고 있었습니다. 밀사는 창수에게 안태훈의 뜻을 전했습니다.

공연히 서로가 서로를 공격해서
쓸데없는 피를 흘리는 것보다 서로 공격하지 않는다.
당신 같은 인재가 헛되이 죽는 것을 원하지 않기 때문이다.

김창수는 안 진사의 제의에 동의하며 자신의 생각을 전했습니다.

첫째, 어느 한쪽이 먼저 공격하지 않는 한 공격하지 않는다.
둘째, 어느 한쪽이 어려운 지경에 빠지면 서로 돕는다.

한편, 구월산 이웃에는 동학 접주 이동엽이 이끄는 농민군이 큰 세력을 이루고 있었습니다. 이동엽은 구월산 일대에서 가장 큰 세력을 지닌 접주인데 노략질이 심했습니다.
어느 날, 창수가 홍역으로 앓아누워 있는데 부하가 뛰어 들어왔습니다.
"큰일 났습니다. 이동엽의 군사가 쳐들어옵니다."
창수의 부하들은 갈팡질팡하다 모두 도망가 버렸습니다.
'일본군이 동학교도들과 농민군을 찾느라 혈안이 되어 있다는데 어쩌면 좋지?'

창수는 잠시 몸을 숨기기 위해 청계동의 안태훈을 찾아갔습니다. 이곳에서 창수는 황해도 지방의 이름난 학자 고능선을 알게 되었습니다.

"나는 의리를 무척 중요하게 여긴다네. 아무리 재주와 능력이 뛰어나도 의리가 없다면 그 재주는 세상에 해가 될 뿐이지. 또한 아무리 판단을 옳게 하고 생각을 바르게 갖는다고 해도 실천할 힘이 없으면 아무 소용이 없다네."

창수는 고능선의 애국심에 깜짝 놀랐습니다.

"왜놈이 우리나라의 대신들까지도 제멋대로 갈아 치우는 지금의 나라꼴을 보자니 기가 막힐 노릇이네. 나라가 망하게 되었을 때 백성은 목숨을 다하여 싸워야 하네."

창수도 분해서 주먹을 불끈 쥐었습니다.

"이 땅에서 왜놈들을 몰아내고, 쓰러지는 나라를 바로 세울 방법은 없습니까?"

"청나라는 작년에 청일 전쟁에서 졌으니 복수를 하려고 일본과 전쟁을 벌이려 할 걸세. 그때를 대비해 미리 청나라에 가서 그 나라 사정을 익혀 놓으면 많은 도움이 될 걸세."

김창수는 고능선의 말에 감동하여 청나라로 떠났습니다. 만주에 도착한 창수는 김이언의 의병 부대를 찾아갔습니다. 김이언은 청나라의 도움을 받아 일본과 싸울 의병을 모으고 있었습니다.

창수는 포수를 모으는 일과 압록강을 건너다니며 화약을 사 오는 일을 맡았습니다. 첫 싸움은 강계성을 손에 넣는 일이었으나 또다시 실패하고 말았습니다.

1년 만에 창수는 다시 청계동으로 돌아왔습니다. 돌아오자마자 고능선을 찾아가 그동안의 일

을 말하고 한 가지 제안을 했습니다.

"단발령에 반대하는 의병을 일으키면 어떻겠습니까?"

단발령은 1895년 11월, 임금의 명령으로 상투를 없애고 머리를 짧게 깎도록 한 것입니다. 곳곳에서 군사가 지키고 서 있다가 지나가는 사람의 상투를 강제로 잘랐습니다. 화가 난 백성들은 전국 곳곳에서 단발령에 반대하는 의병을 일으켰습니다.

"이런 중대한 일을 우리끼리만 결정할 수 없으니 안태훈과 함께 상의해 보도록 하세."

"의병을 일으킨다는 게 그리 쉬운 일이 아닙니다. 일본군은 청나라 군사도 이겨 낸 힘센 군대입니다. 저는 천주교를 믿으며 훗날을 도모하겠습니다."

안태훈의 대답에 고능선은 벌떡 일어나며 말했습니다.

"오늘부터 자네와 인연을 끊겠네."

안태훈의 태도에 배신감을 느낀 창수는 다시 청나라로 떠나기로 마음먹었습니다.

 감옥 학교 선생이 되다

청나라로 가기 위해 창수는 평양을 거쳐 안주에 도착했습니다. 평양을 지날 때만 해도 관리들이 길목을 막고 지나가는 사람들의 머리를 마구 깎아 대고 있었습니다. 그런데 안주에 오니 그 사이 사정이 바뀌어 단발을 중지하라는 명령이 내려져 있었습니다.

 "서울에서 큰 정변이 일어났대. 단발령에 반대하는 의병을 진압하려고 군사들이 남한산성에 모인 사이, 러시아가 임금과 세자를 자기네 공사관으로 피신시켰다는군."
 창수는 사람들의 말에 귀를 기울였습니다.

'한 달 전에 일어난 을미사변 때문에 백성들이 김홍집 내각에게 등을 돌렸군.'

단발령이 선포되기 한 달 전, 일본 사람들이 경복궁을 기습하여 명성 황후를 살해한 사건이 일어났습니다. 이 사건으로 온 나라 백성들은 큰 충격을 받았습니다.

"이제 굳이 청나라로 갈 필요가 없겠어. 먼저 나라 안 사정을 자세히 알아봐야 할 것 같군."

김창수는 배를 타고 황해도 안악 땅으로 가려고 했는데 풍랑으로 뱃길이 막혀 주막에 하루 머물게 되었습니다. 창수는 손님들 사이에서 수상한 사람을 발견했습니다. 머리를 박박 깎은 데다 말투도 이상했고 자세히 살펴보니 흰 두루마기 밑으로 칼집이 보였습니다.

'보통 장사꾼이라면 변장을 할 이유가 없는데 왜 저렇게 변장을 하고 있을까?'

순간 창수의 가슴이 뛰기 시작했습니다.

'저 놈은 우리 국모를 죽인 일본 패거리일지도 모른다. 내 오늘 원수를 갚아 이 나라 백성의 도리를 하리라.'

창수는 기회를 엿보다 칼잡이 곁으로 슬그머니 다가가 있는 힘껏 칼을 걷어찼습니다. 칼이 마당 한가운데로 떨어졌습니다.

"네 이놈!"

창수는 달려가 칼잡이의 목을 힘껏 밟았습니다. 그러자 이 방 저 방 문이 열리면서 사람들이 뛰어나왔습니다.

"누구든지 이 왜놈을 위해 달려드는 자는 살려 두지 않겠다."

그때였습니다. 발끝에 목이 눌려 있던 일본인이 어느 틈에 몸을 빼어 칼을 뽑아 들고 달려들었습니다. 창수는 내리치는 칼날을 피하면서 크게 외쳤습니다.

"우리 국모를 죽인 원수 놈! 내 너를 살려 두지 않으리라."

잠시 후, 일본인을 처치한 창수는 소지품을 뒤져 보았습니다. 그는 일본군 중위였고, 짐 속에는 엽전 800냥이 들어 있었습니다.

김창수는 주막집 주인에게 말했습니다.

"이 돈을 마을의 가난한 집에 나누어 주시오. 그리고 종이와 붓, 먹을 빌려주시겠소?"

국모의 원수를 갚으려고 이 왜놈을 죽였노라.
해주 텃골 김창수

그때 창수의 나이 스물한 살이었습니다.

석 달이 지난 5월 11일 새벽, 창수는 일본군에게 붙잡혀 해주 감옥으로 갔습니다. 지독한 고문으로 정강이 살이 터지고 뼈가 허옇게 보였지만 창수는 끄덕도 하지 않았습니다.

그로부터 두 달 후 창수는 인천 감옥으로 옮겨졌습니다.

"치하포에서 일본 사람 한 명을 죽인 일이 있느냐?"

"그렇소!"

창수는 또렷하게 대답했습니다.

"재물을 빼앗을 목적으로 죽인 것인가?"

"국모의 원수를 갚기 위해서였지 도적질은 하지 않았소."

창수의 당당한 대답에 심문관들은 아무 대꾸도 하지 못했습니다.

"화친하자고 조약을 맺어 놓고 그 나라 국모를 죽이다니! 내가 죽어서라도 원수를 갚고 우리나라의 치욕을 씻고야 말겠다!"

일본 심문관들은 겁에 질려서 아무 말도 하지 못했습니다.

"나는 천한 백성으로서 황후께서 왜적의 손에 돌아가신 나라의 수치를 씻기 위해 원수를 갚으려고 한 것이다."

창수가 심문을 받으면서도 전혀 기죽지 않고 도리어 일본인을 꾸짖는다는 소문이 돌자 많은 사람들이 면회를 왔습니다.

"선생의 애국심에 정말 감동했소."

사람들은 면회를 오면서 귀한 음식을 많이 갖고 왔습니다.

'다른 죄수들은 굶주림에 허덕이는데.'

창수는 가져온 사람이 보는 데서 두어 젓가락 집어 먹고 나머지는 죄수들에게 차례로 나누어 주었습니다.

어느 날, 한 젊은 관리가 찾아왔습니다. 그 관리는 서양 역사와 세계 지리에 관한 책을 넣어 주며 말했습니다.

"외국이라면 무조건 배척하고 자기 것만 지키려는 생각으로는 나라를 구할 수가 없소. 외국의 문물이나 과학을 연구하여 좋은 것은 받

아들여야 힘이 길러질 것이오. 당신과 같은 사람이 새로운 지식을 익혀 백성을 새롭게 하여 멸망해 가는 나라를 구해야 하지 않겠소?"

창수는 관리가 넣어 준 책을 읽으며 서양과 세계의 형편에 대해 알게 되었습니다. 지금까지 외국이라면 무조건 배척해 온 자신의 생각이 틀렸다는 것도 깨달았습니다.

"지금 우리나라에서 가장 필요한 것은 백성이 저마다 배우는 일이다. 그래야 나라가 부강해질 것이다."

창수는 자신이 할 일이 무엇인지 곰곰 생각해 보았습니다.

'그래, 우선 여기 있는 죄수들부터 가르치자. 우리나라 형편이 어떠한지도 모르고, 나라를 위해 무엇을 해야 하는지도 모르는 이 사람들부터.'

그리고 창수는 감옥의 죄수들을 가르치기 시작했습니다. 이 일은 〈황성신문〉에 보도되었습니다.

김창수가 감옥에서 죄수에게 글을 가르치니
감옥은 학교가 되었다.

창수는 감옥에서 새로운 사실을 알게 되었습니다. 그것은 바로 노래의 힘이었습니다.
'노래가 사람들의 마음을 하나가 되게 하고, 절망하지 않게 만들기도 하는구나.'
창수는 죄수들에게 우리나라 노래를 배웠습니다.

가르치는 일에 힘쓰다

7월의 어느 날, 〈황성신문〉에 다음과 같은 기사가 실렸습니다. 〈황성신문〉은 대한제국에서 발행된 일간 신문으로, 지식인 독자가 많았습니다.

살인강도 김창수를 사형에 처한다.

보도가 나가자 창수를 찾아 많은 사람들이 몰려왔습니다.
"무사히 석방될 줄 알았는데 이 무슨 날벼락 같은 소식이오?"
정작 창수 자신은 태연했습니다. 오히려 자신을 위해 슬퍼하는 사람들을 위로했습니다.
"나라의 큰 원수를 갚지 못한 것은 원통한 일이지만 그래도 원수를 갚겠다는 내 뜻을 세상에 알리게 되어 다행이오."
마침내 사형일인 8월 26일이 되었습니다. 창수는 조용히 앉아 책을 읽었습니다. 저녁 무렵이 되자 여러 사람의 발자국 소리와 감옥문 열리는 소리가 들렸습니다.

"김창수, 어느 방에 있소?"

"이 방이오."

창수는 침착하게 말했습니다.

"김창수, 당신은 살았소."

소식을 전하는 관리는 마치 자신의 일인 듯 기뻐했습니다.

"전하께서는 그대의 죄가 단순한 살인이 아니라 국모의 원수를 갚기 위해서라는 것을 알고 급히 회의를 열어 사형을 중지시키기로 결정하셨소. 지금 막 전화를 받았다오. 서울과 인천 사이에 전화가 개설된 지 며칠 되지 않았으니, 전화가 없었다면 죽었을지도 모르는데 하늘이 도왔소."

소식이 전해지자 감옥 안은 잔치가 벌어진 듯 떠들썩했습니다.

"선생은 큰일을 할 사람이오. 나라와 백성을 위해 훌륭한 일을 해 주시오."

그 후 강화에 사는 선비 김주경은 김창수를 석방시키려고 많은 노력을 했습니다. 하지만 석방은 이루어지지 않았습니다.

'사형 집행을 중지시킨 것을 보면 나라에서도 나를 죄인으로 생각하지 않고 있다. 그렇다면 내가 감옥에서 죽는 것을 원하는 사람은 누구인가? 바로 왜놈들뿐이다. 절대로 감옥에서 죽을 수는 없다!'

이렇게 결심한 창수는 감옥에서 도망쳐 나와 전국을 떠돌아 다녔습니다. 충청남도 공주에 이르러서는 머리를 깎고 마곡사의 스님이 되기도 했습니다.

1900년 새해가 되자 창수는 강화도에 가려고 길을 나섰습니다.

'나를 석방시키려고 김주경은 많은 돈을 썼다. 어떻게든 은혜를 갚아야 한다.'

그러나 강화도에 도착해 보니 김주경의 가족들조차 김주경의 소식을 모르고 있었습니다. 창수는 김주경의 동생 김진

경의 집에 머무르면서 그 집 아이들을 가르치기 시작했습니다. 아이들을 가르치는 일은 바로 나라를 위해 일하는 것이라고 생각했기 때문이었습니다.

한 달이 되기도 전에 학생이 30명으로 늘었습니다. 창수는 《천자문》, 《동몽선습》뿐만 아니라 신학문과 서양 여러 나라의 지식도 가르쳤습니다. 이곳에서 창수는 이름을 '거북 구(龜)' 자를 써서 김구로 고쳤습니다.

그러던 어느 날 꿈에 아버지가 나타났습니다.
"아들아, 황천이라는 글자를 써 보렴."

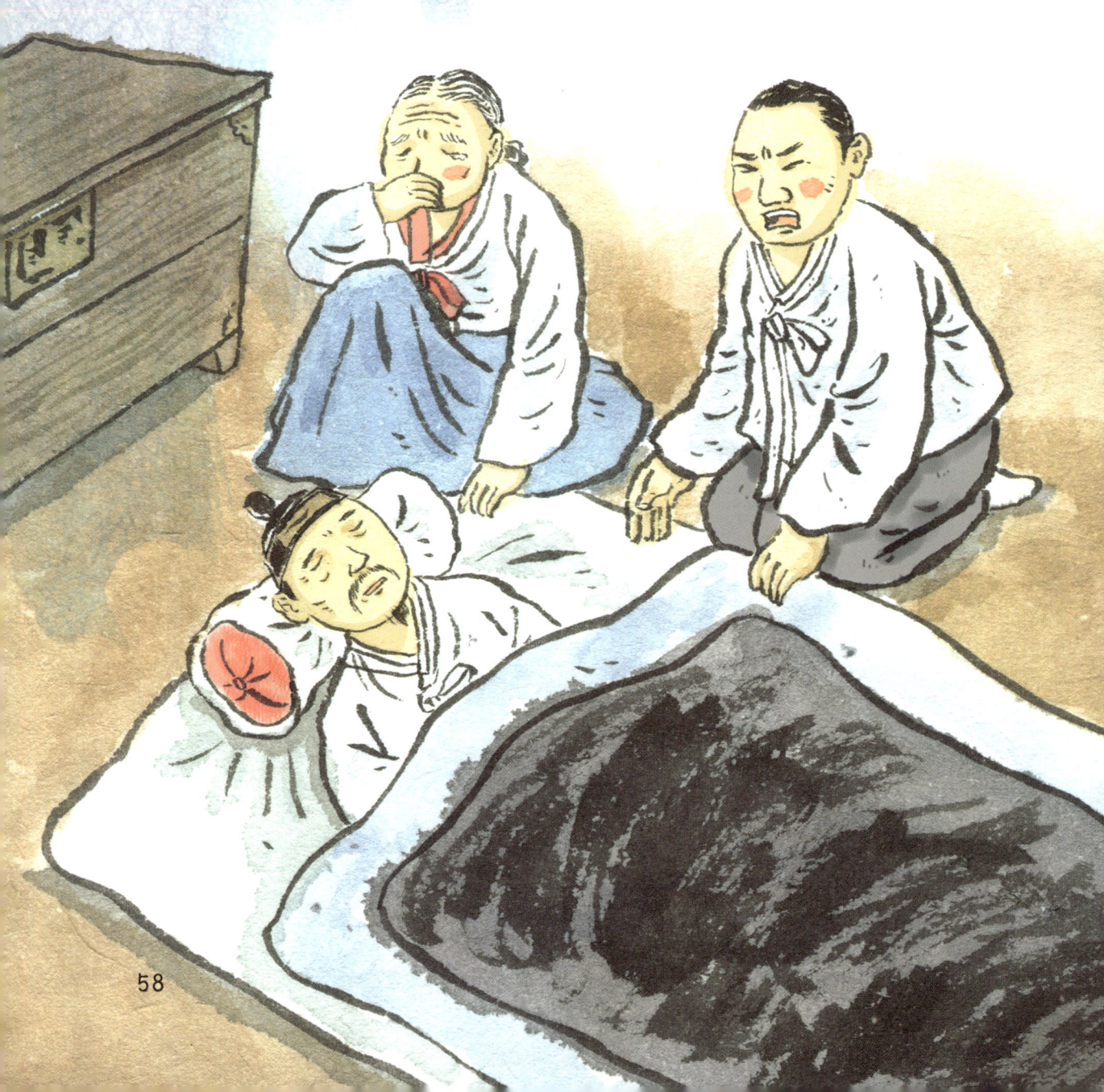

황천은 저승을 뜻하는 말이었습니다. 꿈 때문에 마음이 불안해진 김구는 급히 고향으로 향했습니다.

안마당에 들어서자 어머니가 부엌에서 나오며 눈물을 흘렸습니다.

"아버지가 위독하시다. 조금 전 아버지가 '애야, 왔으면 들어오지 왜 뜰에 서 있느냐?' 하기에 헛소리를 하는 줄 알았더니 네가 정말 돌아왔구나."

얼마 지나지 않아 아버지는 숨을 거두었습니다. 1901년, 김구의 나이 스물여섯이었습니다.

아버지의 상을 마친 후 김구는 교육 사업에 기독교가 중요한 일을 하고 있다고 생각해 기독교를 믿기로 했습니다.

김구는 어머니를 모시고 장연읍으로 이사를 가 봉양 학교를 세웠습니다. 얼마 뒤 함께 교육 운동을 하던 백남훈에게 봉양 학교를 맡기고 공립 학교인 장연 소학교의 선생님이 되었습니다.

그즈음 김구는 최준례라는 여성을 만나 결혼을 약속했습니다. 하지만 최준례에게는 이미 어머니가 결혼 상대로 정해 놓은 사람이 있었습니다. 최준례의 어머니뿐 아니라 교회의 목사, 선교사도 두 사람의 결혼을 반대했습니다. 하지만 열아홉 살인 최준례는 결혼의 자유를 주장했습니다.

"결혼을 하는 사람은 바로 나예요. 김구 선생이 아니면 누구와도 결혼하지 않겠어요."

그러자 김구도 자신의 생각을 강력하게 표현했습니다.

"개인의 자유를 무시하는 것은 교회의 잘못이며 나쁜 풍습을 조

장하는 것입니다."

 김구의 나이 스물아홉 살 때, 마침내 두 사람은 결혼식을 올렸습니다.

 이듬해인 1905년 11월, 조선과 일본 사이에 을사조약이 체결되었습니다.

"이 조약을 맺음으로써 우리나라는 앞으로 외국과 조약을 맺거나 협상을 하려면 일본의 허락을 받아야 합니다. 말하자면 일본의 노예가 되는 것이지요."

나라 곳곳에서 을사조약을 반대하고 우리나라에서 일본인을 내몰려는 의병이 일어났습니다. 의병들의 애국심과 충성심은 컸지만 일본군을 이길 수는 없었습니다. 무기와 싸움에 대한 지식이 없었기 때문이었습니다.

"일본 순사들이 총으로 위협하니 도저히 당해 낼 수가 없다. 지금은 교육 사업에 힘을 쓰는 게 좋겠다."

이런 생각으로 김구는 황해도로 돌아가 교육 운동을 펼쳤습니다. 그러다 1910년 11월 신민회로부터 서울에서 비밀 회의가 열린다는 연락을 받았습니다. 신민회는 안창호가 1907년 미국에서 돌아와 평양에 만든 비밀 단체였습니다. 겉으로는 청년을 교육하는 것으로 내세우면서, 안으로는 400여 명에 이르는 회원을 비밀리에 조직하여 독립 운동을 했습니다.

김구는 황해도 대표로 회의에 참석했습니다. 이 회의에서 만주에 군관 학교를 세워 장교를 키우기로 결정되었습니다.

가장 낮은 곳에서 가장 낮은 자세로

이듬해인 1911년, 일본 헌병이 찾아와 김구를 끌고 갔습니다. 가 보니 양산 학교 선생님들이 이미 여러 명 잡혀 와 있었습니다.

"당신들을 체포해서 경성으로 보내라는 총독부의 명령이오."

일제는 먼저 안중근의 사촌 동생 안명근을 잡아 가두고, 전국의 애국지사들을 줄줄이 잡아들였습니다. 애국지사들은 끌려온 다음 날부터 심한 고문을 받았습니다.

김구도 고문실로 끌려갔습니다.

"네가 여기 온 이유를 아는가?"

"잡아 오니 끌려왔을 뿐 모른다."

그러자 일본 순사는 김구의 손발을 묶어 천장에 매달고는 매질을 시작했습니다. 계속되는 매질에 김구는 정신을 잃었습니다. 일본 순사는 사정없이 찬물을 끼얹어 깨우고는 다시 물었습니다.

"너는 안명근과 어떤 사이인가?"

"한 번 만난 적이 있을 뿐 함께 일한 적은 없소이다."

김구의 말이 끝나자마자 사방에서 몽둥이가 날아들었습니다. 악랄한 고문이 날마다 계속되었지만 김구는 끄떡도 하지 않았습니다.

"젠다오(간도)에 군관 학교를 세우려 한 보안죄 2년, 안명근을 시켜 부자들의 돈을 빼앗은 강도죄 15년. 모두 합하여 17년 형을 선고한다!"

판결이 끝나자 김구는 다른 애국지사들과 서대문 감옥으로 옮겨졌습니다. 절망에 빠져 하루하루 감옥 생활을 하던 어느 날, 꿈에도 그리던 어머니가 면회를 왔습니다.

"나는 네가 독립운동을 하다가 감옥에 갇힌 것이 무척 자랑스럽단다. 아무쪼록 집 걱정은 하지 말고 몸 관리 잘하렴."

어머니의 밝고 태연한 목소리를 듣자, 김구의 마음이 한결 가벼워졌습니다.

1년이 지나자 김구의 형량이 5년으로 줄어들었습니다.

"세상에 나가서 무엇을 할지 미리 생각해 보자."

김구는 새로운 희망에 부풀어 이것저것 궁리하기 시작했습니다.

"우선 이름을 바꾸자. 거북 구(龜)에서 아홉 구(九)로 고치고 호는 백범으로 하자. 백범(白凡)의 '백(白)'은 우리나라에서 가장 천한 신분인 백정에서

따온 것이고, '범(凡)'은 평범한 사람이란 뜻. 그러니까 가장 낮은 곳에서 가장 낮은 자세로 나라를 위해 열심히 일한다면 우리나라가 완전한 독립국이 될 수 있을 것이야."

1914년 7월 어느 무더운 여름날, 김구는 마침내 감옥에서 나왔습니다. 안악읍에 가까운 여물평에 다다르니 김구를 환영하는 사람들 수십 명이 나와 있었습니다. 맨 앞에 있던 어머니가 눈물을 흘리며 김구를 맞이했습니다.

"네 딸 화경이가 몇 달 전 세상을 떠났단다."

김구는 곧바로 딸의 무덤으로 향했습니다.

"나 죽거든 감옥에 계신 아버지에게는 알리지 마세요. 아버지가 얼마나 마음이 아프시겠어요."

딸의 마지막 목소리가 들리는 듯했습니다. 김구는 가슴이 찢어지는 듯 아팠습니다.

일본 헌병의 감시가 늘 뒤따랐기 때문에 김구는 하고 싶은 일을 앞장서서 할 수가 없었습니다. 김구는 전에 몇 번이나 농장에서 소작인 관리를 맡아 달라고 했던 김홍량을 찾아갔습니다.

"내게 동산평 일을 맡겨 주게."

"왜 하필 동산평입니까? 그곳은 소작인들의 노름, 술주정, 싸움질이 심한 곳입니다. 게다가 물도 나쁘고 땅도 형편없습니다."

"그런 곳에 가야 내가 할 일이 있지 않겠나?"
 김구는 안악읍에서 조금 떨어진 동산평에서 새로운 생활을 시작했습니다. 김구는 가장 먼저 규칙을 정했습니다.

 첫째, 노름하는 소작인에게는 소작을 주지 않는다.
 둘째, 자식을 학교에 보내는 자는 제일 좋은 땅을 더 준다.
 셋째, 농사를 성실하게 지은 자는 기록하여 두었다가
      추수할 때 곡식을 상으로 준다.

김구는 날마다 농장에 나가 소작인들이 부지런하게 일하는지 안 하는지를 기록했습니다. 그뿐만 아니라 학교를 세우고 직접 아이들을 가르쳤습니다.

김구가 일으킨 농촌 운동은 큰 성과를 거두었습니다. 동산평에서는 노름, 술주정, 싸움질이 자취를 감추었습니다.
"모두 선생님 덕분입니다. 추수 때가 되어도 이런저런 빚을 갚고 나면 항상 빈털터리 신세였는데."
"이제는 집에 곡식을 가져갈 수 있어 얼마나 기쁜지 모르겠어요."
소작인들은 너도나도 감사의 말을 했습니다.

상하이에 임시 정부를 세우다

1919년 3월 1일 '대한 독립 만세' 소리가 전국에 울려 퍼졌습니다. 3월 18일, 안악에서도 만세 운동이 일어났습니다. 일본 헌병들이 총을 마구 쏘아 대서 많은 조선 사람들이 죽거나 다쳤습니다.

'마음 같아서는 당장 거리로 뛰쳐나가 만세 운동에 동참하고 싶지만, 이를 악물고 참아야 한다.'

김구는 나라 밖에 있는 독립운동가들과 긴밀히 연락하면서 중국 상하이로 망명할 계획을 세우고 있었습니다. 김구는 떠나기 바로 전날까지 농사일만 했습니다.

이튿날, 김구는 농장을 빠져 나와 기차와 배를 몇 번이나 갈아탄 끝에 상하이에 도착했습니다. 3.1 운동이 일어난 뒤, 상하이에는 국내에서 망명해 온 애국지사와 독립운동가들이 모여들었습니다.

"상하이에 대한민국 임시 정부를 세웁시다!"

김구는 황해도 대표로 임시 의정원 회의에 참석했습니다. 대한민국 임시 정부는 내무, 외무, 군무, 재무, 법무, 교통 등의 부서를 조직하고 1919년 4월 11일 헌법을 선포했습니다.

어느 날, 김구는 임시 정부에서 내무총장을 맡고 있는 안창호를 찾아갔습니다.

"부탁이 하나 있소. 임시 정부 문지기를 하게 해 주시오."

"문지기라니 무슨 소리요?"

"서대문 감옥에 갇혀 있을 때 만일 독립 정부가 서면 정부의 뜰을 쓸고 문을 지키는 문지기가 되겠다고 마음먹은 적이 있소."

"백범다운 말씀이오. 그렇게 하도록 해 보겠소."

그런데 다음 날 아침, 뜻밖에도 안창호는 김구에게 경무국장 임명장을 주었습니다.

"경무국장은 경찰, 검사, 판사의 역할과 형 집행까지 담당하는 중요한 자리입니다. 자격도 없는 내가 경무국장 자리를 맡을 수는 없소이다."

김구는 극구 사양했지만 이미 결정된 것을 되돌릴 수는 없었습니다.

그때 일본 영사관에서는 임시 정부를 무너뜨리려고 온갖 방법을 동원했습니다. 이러한 일들을 막아 내는 것이 경무국장의 역할이었습니다.

"어찌 보면 나의 소원대로 임시 정부의 문지기가 된 셈이로군."
 이듬해인 1920년 김구의 아내가 맏아들 인과 함께 상하이로 왔습니다. 2년 후에는 어머니도 상하이로 건너와 오랜만에 온 가족이 다 모였습니다. 둘째 아들 신도 태어나 김구는 무척 행복했습니다.
 그러나 그 행복은 오래가

지 못했습니다. 아내가 둘째 아들 신을 낳고 시름시름 앓다가 1924년 1월 1일 세상을 떠나고 만 것입니다.

김구는 경무국장에서 내무총장이 되었습니다. 이 무렵 임시 정부의 살림은 점점 어려워지고 사람들은 모두 흩어져 한때 1천 여 명이었던 독립운동가가 겨우 수십 명 정도 남았습니다.

그러던 어느 날, 의정원 의장인 이동녕이 찾아왔습니다.

"백범이 국무령을 맡아 내각을 조직해 주면 좋겠소."
"저는 황해도 산골 평민의 아들입니다. 그런 제가 어떻게 나라의 지도자가 되겠습니까?"
"지금은 어려운 상황이오. 백범이 나선다면 따라나서겠다는 사람이 많소."

그렇게 해서 1926년 12월 김구는 국무령에 취임했습니다.

김구는 국무 위원제의 주석이 되었고 주석은 국무 위원들이 돌아가면서 맡도록 했습니다. 늘 입버릇처럼 말했던 '윗자리에 앉아서 내려다보기보다는 남과 평등한 자리에서 일하는 것이 좋다.'는 말을 실천에 옮긴 것이었습니다.

임시 정부는 다시 자리를 잡아 갔습니다. 그러나 여전히 경제적으로 어려워 임시 정부 청사의 집세 36달러를 내지 못하는 적도 많았습니다.

이러한 어려움을 해결하기 위해 김구는 해외 동포들에게 편지를 써서 도움을 청하기로 했습니다. 다행히도 곳곳에서 임시 정부를 격려하는 편지와 격려금이 도착했습니다.

 적극적으로 항일 운동을 펼치다

1931년 만주가 일본의 손에 넘어가자, 만주 일대에서 활약하던 독립군은 어려운 처지에 놓였습니다.

'적극적으로 항일 운동을 펼치려면 어떻게 해야 할까?'

고민에 빠진 김구의 모습을 보고 한 동지가 말했습니다.

"한인 애국단에서 적극적으로 항일 운동을 펼칠 애국 투사를 모집하는 것이 어떨까요?"

다른 동지가 덧붙여 말했습니다.

"일본의 주요 인물과 기관을 습격하면 큰 효과를 거둘 것입니다. 또한 침체된 독립운동에도 활기를 불어넣을 수 있을 것입니다."

김구는 즉시 실행에 옮기기로 했습니다.

1932년 1월 8일, 일본 천황이 도쿄 교외에서 열리는 행사에 참여한다는 소식이 들려왔습니다. 한인 애국단의 이봉창은 행사를 마치고 궁으로 돌아오는 천황의 마차를 향해 수류탄을 던졌습니다.

이튿날, 이 사건에 대한 신문 기사가 나왔습니다.

이봉창이 일본 천황에게 폭탄을 던졌으나 명중하지 않았다.

김구는 신문 기사를 읽고 크게 실망했습니다. 그러자 한 동지가 위로의 말을 건넸습니다.

"우리가 일본 사람의 지배에 반대한다는 것을 세계에 널리 알렸으니 성공한 것이나 마찬가지요."

김구는 한인 애국단 활동을 계속하기 위해 마땅한 사람을 찾기 시작했습니다. 그때 윤봉길이 찾아왔습니다.

"저는 고향 충남 덕산에서 농촌 계몽 운동을 했습니다. 그러나 그것으로는 부족하다는 것을 깨달았습니다. 일본과 직접 싸워야 나라를 되찾을 수 있다고 생각합니다."

"4월 29일에 홍커우 공원에서 천황의 생일을 축하하는 행사가 열릴 것이오."

김구는 도시락과 물통 모양의 폭탄을 만들어 친한 동포의 집에 옮겨 놓았습니다.

마침내 1932년 4월 29일, 김구는 윤봉길과 마지막 식사를 같이 했습니다. 아침 7시를 알리는 종소리가 들리자 윤봉길은 주머니에서 시계 하나를 꺼냈습니다.

"한인 애국단 입단 선서식을 한 뒤 6원을 주고 이 시계를 샀습니다. 선생님 시계는 2원짜리니 제 것과 바꾸시지요."

김구는 목멘 소리로 마지막 작별의 말을 건넸습니다.

"동지, 훗날 지하에서 만납시다."

그날 오후 두세 시쯤, 신문 호외(임시 신문)가 나왔습니다.

훙커우 공원에서 폭탄이 폭발하여 상하이 일본 거류민단장 가와바타와 시라카와 대장이 그 자리에서 죽고, 주중 일본 공사 시게마쓰, 제9사단장 우에다 중장, 제3함대 사령관 노무라 중장 등 문무 고관이 중상을 입었다.

이튿날 신문에 '윤봉길'이라는 이름이 크게 실렸습니다. 김구는 조선 사람들의 독립운동을 도와주고 있는 미국 사람 피치의 집으로 피했습니다. 일본 경찰은 범인을 잡는다는 명목으로 미친 듯이 동포들을 잡아들였습니다.

"수많은 애국지사와 죄 없는 동포들이 고통을 겪는 것을 더 이상 보고만 있을 수는 없소. 지난번 도쿄 사건과 이번 홍커우 사건의 책임이 모두 나에게 있다는 성명서를 발표하겠소."

성명서가 발표되자 여기저기서 임시 정부의 운동자금으로 쓰라며 돈이 들어왔습니다.

이봉창과 윤봉길의 사건이 있은 뒤 일본 경찰은 김구의 어머니를 찾아가 괴롭혔습니다. 김구는 어머니에게 연락했습니다.

"아이들을 데리고 다시 중국에 오셔도 전과 같이 굶지는 않을 테니 빨리 오십시오."

그리하여 9년 만에 김구는 어머니와 아이들을 다시 만나게 되었습니다.

어머니의 생일이 다가오자 김구의 동지들이 생일 축하 잔치를 열려고 했습니다.

"그 돈을 나에게 주면 내 입맛대로 음식을 만들어 먹겠네."

동지들이 어머니에게 돈을 드리자, 어머니는 자신의 돈을 보태어

큰돈을 내놓았습니다.

"자네들이 하는 독립운동에 쓰도록 하게."

동지들은 어머니의 큰 뜻에 고개를 숙였습니다.

1937년 중일 전쟁이 일어났습니다. 일본군의 폭격에 견디다 못한 중국 정부는 수도를 난징에서 충칭으로 옮겼습니다. 임시 정부도 이때 충칭으로 옮겼습니다. 어머니는 김구의 아이들인 인과 신을 데리고 충칭으로 왔지만 병이 들어 끝내 일어나지 못했습니다.

"하루빨리 독립이 되도록 노력해 다오. 독립이 되는 날, 내 유골과 네 아내의 유골을 고향에 묻어 다오."

독립운동을 하는 아들을 뒷바라지 하느라 어머니는 밥 한술 배불리 먹지 못했고 잠 한 번 편히 자지 못했습니다. 어머니의 죽음 앞에서 김구는 하늘이 무너져 내리는 듯한 슬픔을 느꼈습니다.

완전한 자주 통일을 꿈꾸며

1945년 12월 28일, 모스크바에서 열린 미국, 영국, 소련 세 나라 외무부 장관 회의에서 다음과 같은 결정이 내려졌습니다.
"한국을 독립시키기 전에 5년 동안 미국, 영국, 소련, 중국 네 나라가 맡아서 다스리는 신탁 통치를 실시한다."
이 결정을 듣자 김구는 화가 치솟았습니다.

"일제 35년도 지긋지긋한데 누가 또 우리를 다스린단 말인가! 어림도 없는 소리다. 나는 이 신탁 통치안을 목숨 걸고 반대할 것이다."

12월 31일, 김구와 임시 정부가 이끄는 신탁 통치 반대 운동이 서울 운동장에서 열렸습니다. 이 대회에는 시민과 학생까지 수만 명이 참석했습니다.

"신탁 통치를 결사반대한다!"

"삼팔선을 없애고 다른 나라 군대는 모두 이 땅에서 떠나라!"

반대 시위는 전국으로 번져 갔습니다.

'미국과 소련의 군대가 이 땅에 머물고 있는 한, 삼팔선은 결코 없어지지 않을 것이다. 우리 민족은 둘로 나뉠 것이 분명하다. 우리의 통일 정부는 우리만이 세울 수 있다.'

이렇게 생각한 김구는 '국민 회의'라는 단체를 만들어 굳건하게 의견을 내세웠습니다.

"통일 정부가 아니면 안 됩니다! 지금 따로 정부를 세웠다간 나라가 영원히 두 동강이 나고, 겨레가 서로 피를 흘리게 될 것입니다!"

1948년 2월 김구는 '삼천만 동포에게 눈물로써 고함'이라는 성명을 발표했습니다.

> 한국이 있고서야 한국 사람이 있고, 한국 사람이 있고서야 민주주의도 공산주의도 있을 수 있는 것입니다. 나의 하나뿐인 간직한 소원은 3천만 동포와 손목 잡고 통일된 조국, 독립된 조국의 건설을 위하여 함께 노력하는 것뿐입니다.
>
> 이 몸뚱이를 조국이 바란다면 당장이라도 기꺼이 제단에 바치겠습니다. 나는 통일된 조국을 건설하려다가 삼팔선을 베고 쓰러져 죽을지언정 나 하나만의 구차한 편안함을 위해 단독 정부를 세우는 데는 협력하지 않겠습니다.

그러나 국제 연합 소총회에서는 남한에서만 총선거를 실시하자는 미국의 제의를 받아들였습니다. 김구는 곧바로 이에 반대하는 성명을 발표했습니다. 그러나 이승만과 한국 민주당은 국제 연합 소총회의 결의를 환영했습니다.

이때 북쪽에서는 방송과 편지를 통해 통일 정부를 세우는 문제에 대해 함께 이야기하자며 김구와 김규식 등 단독 정부를 반대하는 지도자들을 초청했습니다.

"가면 안 됩니다. 공산주의자들의 속임수입니다."

　사람들이 말했지만 김구는 김규식, 조소앙과 함께 평양에 가기로 했습니다.

"100번을 더 속더라도 북쪽과 통일 정부 문제를 이야기해야 합니다. 나라가 두 동강이 나는 것만은 어떻게든 막아야 합니다."

　김구가 남북 협상을 하기 위해서 평양으로 간다는 소식이 알려지자 나라 안팎이 온통 들썩거렸습니다. 한편에서는 김구를 비난했고 다른 한편에서는 김구를 격려했습니다.

　김구와 일행 예순네 명은 1948년 4월 19일 평양에 도착했습니다. 김구와 김규식은 북쪽의 김일성, 김두봉 등과 만나 남북 통일 정부를 세우는 방안을 논의했습니다. 그리하여 네 가지 사항에 뜻을 한데 모았습니다.

첫째, 미국과 소련 군대는 바로 물러가라.
둘째, 다른 나라 군대가 물러간 뒤에도
　　　남북은 서로 싸우지 않는다.
셋째, 전 조선 정치 회의를 구성하고,
　　　이 단체가 나서서 총선거를 실시하여 정부를 세운다.
넷째, 남조선만이 치르는 선거에 반대한다.

김구가 남북 협상을 무사히 마치고 5월 5일 서울에 도착하자, 이승만과 한국 민주당은 남북 협상은 소련에 이용당하는 것이라며 비난했습니다.

"남북 협상은 남한의 총선거를 방해하려는 공산주의자들의 속임수이다. 김구는 그 속임수에 넘어간 것이다."

김구가 그토록 기대를 했던 남북 합의는 이루어지지 않았고 1948년 5월 10일 남한에서 총선거를 실시했습니다. 7월 17일 총선거에 따라 성립된 국회에서 대통령 중심제를 내용으로 하는 헌법이 공포되었습니다. 이어 7월 20일 실시된 대통령 선거에서 이승만이 당선되었습니다.

그래도 김구는 단념하지 않고 통일을 위한 작업을 계속해 나갔습니다.

"미국과 친한 것도 좋고 소련과 친한 것도 좋습니다. 그렇지만 우리는 먼저 우리 조국과 친하여 통일 단결로써 독립을 이루어야 합니다."

김구의 이러한 노력에도 불구하고 우리나라는 두 동강이 나고 말았습니다.

남한과 북한에 두 개의 서로 다른 정부가 선 지 1년이 지난 1949년 6월 26일 일요일 11시 30분 무렵이었습니다. 육군 소위 안두희가 방문했습니다. 안두희는 전에도 몇 번 김구를 찾아온 일이 있었습니다. 비서는 안두희를 2층 거실로 안내했습니다. 김구는 붓글씨를 쓰던 중이었습니다.

탕탕!

요란한 총소리에 깜짝 놀란 비서가 황급히 층계를 뛰어 올라

갔습니다. 그때 안두희가 계단을 내려오고 있었습니다.

"내가 백범 선생을 쏘았소."

그토록 원하던 조국 통일의 꿈을 이루지 못한 채 김구는 동포의 총탄에 원통하게 눈을 감았습니다.

1949년 7월 5일, 김구의 장례는 국민장으로 치러졌습니다. 김구는 온 국민이 통곡하는 가운데 이봉창, 윤봉길이 묻혀 있는 효창 공원에 묻혔습니다.

초등 저학년을 위한 첫 역사책!

안녕? 역사야 (전9권)

〈안녕? 역사야〉 시리즈는

도깨비들이 과거로 날아가 역사의 궁금증을 풀어 주는 재미난 형식의 책입니다.
초등학교 한국사 교과서 내용을 아주 쉽게 알려주는 〈안녕? 한국사〉와
세계를 바라보는 넓은 시야를 갖게 해 주는 〈안녕? 중국사〉 세트로 구성되어 있습니다.
저학년의 눈높이에 맞춘 내용과 그림, 그리고 전문가의 꼼꼼한 감수까지 거친
〈안녕? 역사야〉 시리즈는 진정한 의미의 저학년 첫 역사책입니다.

안녕? 한국사 (전6권)

1권 **선사 시대** 우리 조상이 곰이라고?
2권 **삼국 시대** 최후의 승자는 누구일까?
3권 **고려 시대** 우리나라는 왜 코리아일까?
4권 **조선 시대①** 조선에 에디슨이 살았다고?
5권 **조선 시대②** 조선은 왜 망했을까?
6권 **근현대** 우리는 왜 남북으로 갈라졌을까?

글그림 백명식 | 감수 김동운(전 국사편찬위원회 교육연구관)
각 권 90쪽 내외

안녕? 중국사 (전3권)

1권 **고대** 중국 역사의 시작
2권 **중세** 통일된 중국, 세계에 우뚝 서다
3권 **근현대** 중국에 부는 변화의 바람

글 이한우리, 송민성 | 그림 이용규 | 감수 이근명(한국 외대 사학과 교수)
각 권 80쪽 내외